AF313060

LETTRE CIRCULAIRE.

LETTRE CIRCULAIRE

SUR LA MORT

de la très honorée et très respectable

Mère Angélique-Marie-Aristide

Lesaige de La Villesbrunnes

SUPÉRIEURE GÉNÉRALE DE LA SOCIÉTÉ DES HOSPITALIÈRES
DE SAINT-THOMAS DE VILLENEUVE.

Décédée à Paris, le 3 Novembre 1836, dans la cinquante-septième année de son âge.

A PARIS,

DE L'IMPRIMERIE DE POUSSIELGUE,

rue du Croissant-Montmartre, 12.

1836.

LETTRE CIRCULAIRE.

Mes très honorées Mères et très chères Soeurs,

La douleur que la mort de la vénérable mère Sébire nous avait fait éprouver était à peine adoucie, et voilà qu'un nouveau sujet de peine nous plonge encore dans une affliction profonde. Notre Société vient de faire une perte très grande, et qui doit être vivement sentie par tous les membres qui la composent. Dieu, qui avait accordé à notre chère et respectable Générale tant de mérite, de capacité et un si grand amour du bien, a dans sa sagesse jugé à propos de l'appeler à lui, presqu'au moment où nos suffrages venaient de la placer à notre tête, et où nous avions l'espoir de voir fleurir de plus en plus notre Institut sous son sage gouvernement. Chargée de vous rappeler les actions et les vertus de cette digne supérieure, que j'ai pu apprécier par mes fréquentes relations avec elle, je m'acquitte auprès de vous d'un devoir qui m'est pénible, car le bien que j'aurai à vous en rapporter ne pourra qu'augmenter votre douleur et vos regrets de l'avoir perdue.

Mademoiselle Angélique-Marie-Aristide Le Saige de La Villesbrunnes naquit à Dinan, en Bretagne, le 18 décembre 1779, et fut baptisée dans l'église paroissiale de Saint-Sauveur de cette ville, par M. Carron (1), qui en était alors curé. Elle appartenait à une famille noble et très honorable, dont elle reçut les soins dans ses premières années; mais bientôt elle en fut séparée par des événements déplorables qui firent en France tant de victimes. La révolution s'annonçait menaçante contre ceux qui n'en partageaient pas les erreurs. De ce nombre était M. de La Villesbrunnes, qui crut devoir émigrer avec son épouse, afin de se mettre à l'abri de l'orage. La jeune Angélique fut, avec sa sœur, confiée à une parente d'un caractère sévère et qui, voulant peut-être réprimer l'impétuosité et l'attachement à sa propre volonté qu'on remarquait dans cet enfant, la traita avec une rigueur extrême. On a peine à croire qu'une jeune personne de quatorze ans pût paraître suspecte à ceux qui, à l'époque funeste de 1793, exerçaient leur tyrannie sur la France; cependant mademoiselle de La Villesbrunnes fut alors arrêtée comme

(1) M. Ange-Bonaventure Carron était frère du vertueux abbé Carron si célèbre par ses utiles établissements en Angleterre en faveur des émigrés et par ses autres bonnes œuvres. M. le curé de Saint-Sauveur était lui-même un ecclésiastique très recommandable.

fille d'émigré, mise en détention à Saint-Malo et privée pendant un an de sa liberté, qu'elle ne recouvra qu'après la mort de Robespierre. A sa sortie de prison elle retourna chez sa parente, qui ne changea pas de conduite à son égard, et qui lui fournit de fréquentes occasions de pratiquer la patience. Dieu, qui ménage toujours quelque consolation au milieu des maux qu'on a si souvent à souffrir ici-bas, en fit trouver une grande aux deux sœurs dans leur amitié. La société que fréquentait mademoiselle de La Villesbrunnes, lorsqu'elle parut dans le monde, rendit bientôt justice à son esprit et à son amabilité. On la recherchait pour ses heureuses qualités relevées par un extérieur très agréable. Point de doute qu'elle ne pût y rencontrer un parti avantageux; mais le Seigneur avait sur elle des desseins particuliers de sanctification et l'appelait à un genre de vie plus parfait que celui qu'on peut suivre au milieu du siècle. Madame de La Villesbrunnes la mère, revenue d'émigration, ne vécut pas long-temps après son retour en France; elle mourut en 1803, et sa perte fut pour sa fille un motif de se livrer aux réflexions les plus sérieuses sur la fragilité de la vie et la nécessité de s'assurer un bonheur solide que Dieu seul peut donner. Pénétrée de ces vérités salutaires, si propres à faire une impression profonde sur les esprits qui les méditent attentivement, elle résolut d'embrasser l'état religieux, et choisit

d'abord la maison des Hospitalières de la Miséri-
corde de Jésus, qui desservent l'Hôtel-Dieu de
Rennes nommé l'hôpital Saint-Yves. Mademoiselle de La Villebrunnes avait donné la préférence
à cet ordre, par le désir qu'elle avait d'être plus
séparée du monde, et qu'elle trouvait cet avantage
dans une communauté cloitrée; mais docile aux
conseils de son guide spirituel, qui jugea qu'elle
devait s'attacher à la société de Saint-Thomas-
de-Villeneuve, elle entra le 4 novembre 1804
en qualité de postulante, dans une de nos maisons de Rennes, où nous avions alors un nom-
breux pensionnat, et qui était placé dans l'ancienne communauté des Carmélites. Elle y fut
reçue comme un présent du ciel par notre vénérable mère Sébire, qui dirigeait cet établissement.
Cette démarche d'une jeune personne d'un rang
distingué ne put passer inaperçue; le monde,
toujours injuste envers ceux qui le quittent
pour se consacrer à Dieu, blâma sa détermi-
nation et n'épargna pas même le directeur qui
pouvait y avoir coopéré; mais ces clameurs n'é-
branlèrent pas la résolution de la généreuse postulante qui avait eu le courage de s'arracher à une
famille chérie, et qui ne songea plus qu'à travailler
à sa perfection dans le saint état qu'elle avait choisi.
Au bout de trois mois de postulat mademoiselle
de La Villesbrunnes fut admise à prendre l'habit
dans la maison qu'elle habitait. Ce fut M. l'abbé

Le Surre, alors vicaire-général de Rennes, aujourd'hui grand vicaire de Paris, qui fit la cérémonie. Cet estimable ecclésiastique dit en riant, à cette occasion, cette parole qui s'est depuis vérifiée : Que ce pouvait bien être une générale que la Société se donnait.

Dès son entrée dans la Congrégation de Saint-Thomas, qui est essentiellement hospitalière, la nouvelle novice aspirait surtout au bonheur de soigner les pauvres ; mais elle n'eut pas alors cette consolation, car tout le temps qu'elle resta dans la maison de Rennes elle fut employée à l'éducation de la jeunesse, fonction difficile dont elle s'acquitta néanmoins avec beaucoup de succès, quoiqu'elle eût peu d'attrait pour l'enseignement. Après sa prise d'habit elle fut appelée à Paris, afin de faire son noviciat dans la maison principale de la société. Les nombreuses épreuves qu'on lui fit subir pendant ce temps, afin de s'assurer de sa vocation, montrèrent sa ferveur et sa persévérance ; aussi ne put-on avoir aucun doute qu'elle ne fût appelée de Dieu à l'état religieux, et l'admit-on à la profession. M. l'abbé Le Surre, qui se trouvait alors à Paris, reçut ses vœux le 21 novembre 1806. L'obéissance ramena bientôt après la mère de La Villesbrunnes en Bretagne ; elle y passa dix-huit mois dans la maison d'éducation de Rennes, et revint ensuite à Paris pour y occuper la place de seconde maîtresse des Novices. Sa santé et des difficultés qu'elle éprouva dans cette charge ne lui permirent pas de la remplir long-temps, et l'obligèrent à prier ses supérieurs de la dispenser de ce travail. Ce fut alors qu'elle put enfin se livrer au soin des pauvres : ceux de l'hôpital de Noyon furent les premiers les objets de sa charité. Elle fut envoyée dans cette maison au lieu d'une novice que la supérieure demandait. Cette supérieure, la mère Baudry, qui n'avait à donner à sa nouvelle compagne qu'un poste tout à fait subalterne, celui d'aider une Mère ancienne dans son emploi, fut très surprise de voir arriver la maîtresse des Novices de Saint-Thomas, et ne pouvait comprendre qu'on lui eût envoyé une personne d'un si grand mérite ; mais notre digne Mère, qui savait qu'il n'y a pas de si petite place dans la maison de Dieu qu'on ne puisse relever par la droiture de ses intentions, et qui connaissait d'ailleurs le prix de l'humilité, alla dès le lendemain de son arrivée s'asseoir gaiement au bas de l'estrade sur laquelle se plaçait la mère d'Espinasse, qu'elle devait seconder dans la direction d'une salle de travail pour les enfants. Pendant six mois son occupation journalière fut d'apprendre à ces enfants à bien tricoter des chaussons de laine grasse et de réparer les défauts de ce tricot que leur inhabileté rendait assez fréquents. Une fonction aussi peu importante ne pouvait naturellement plaire à un

esprit vif et élevé comme celui de la mère de
La Villesbrunnes, mais la foi la lui faisait trouver agréable ; elle accomplissait la volonté de
Dieu, il ne lui en fallait pas davantage. Elle s'y
montra constamment satisfaite et même heureuse. Son obéissance entière et constante à la
bonne Mère qui était à la tête de l'emploi lui méritait sans doute ces consolations.

Le pensionnat que notre Société tient à Noyon
ayant besoin d'une maîtresse, on y plaça la mère
de La Villesbrunnes, qui ne tarda pas à gagner
tellement le cœur de toutes les pensionnaires
que ces enfants la chérissaient comme leur
mère. Mais bientôt une maladie grave vint
donner sur son compte les plus vives inquiétudes
à ses compagnes. C'était une rougeole, mêlée de
pourpre, qui la réduisit à l'extrémité. Bien plus
occupée des besoins de son ame que de ses maux
corporels, son premier soin fut de recourir au sa-
crement de pénitence. Patiente et pieuse au milieu de ses douleurs, elle édifiait tous ceux qui
l'approchaient. Les prières adressées à Dieu pour
sa conservation et son rétablissement furent exau-
cées. Elle revint à la santé et reprit les fonctions
de son emploi. On remarquait en cette digne Mère
non seulement des talens rares, mais ce qui est
bien plus appréciable aux yeux de la foi, une
haute piété, qui la portait au détachement de tout
et au renoncement à elle-même, et lui inspirait un

désir continuel de sa perfection. Elle y joignait une qualité précieuse pour les personnes qui vivent en communauté, un cœur bon et compatissant aux souffrances des autres. Tous ces avantages étaient relevés par une modestie qui lui cachait son propre mérite pour ne lui laisser apercevoir que ses défauts. Elle se croyait très imparfaite ; mais les personnes sensées qui avaient des relations avec elle en concevaient une idée toute différente ; et l'une d'elles, remarquable par sa vertu et son mérite, ne craignait pas de dire qu'elle regardait la mère de La Villesbrunnes comme un modèle de perfection. Quelque flatteur que soit ce jugement, il n'était pas exagéré, car cette respectable Mère possédait l'esprit religieux à un degré très élevé. La plus légère faute qu'elle commettait l'affligeait vivement, parcequ'elle la considérait comme opposée à la sainteté de sa profession. Les moindres saillies de son esprit, naturellement vif, l'alarmaient, et elle faisait de sérieux efforts pour réprimer tout ce qui dans sa conduite pouvait être produit par un motif purement naturel. Remplie de respect pour sa règle, elle y conformait toutes ses actions et l'accomplissait avec ponctualité. Affections et répugnances, tout était sacrifié à son devoir.

La mauvaise santé est assez souvent l'épreuve que Dieu impose à certaines ames qui lui sont chères, et la manière dont elles portent cette croix augmente leurs mérites à ses yeux. Celle de la mère de La Villesbrunnes fut fréquemment pour elle une occasion d'exercer sa patience. Elle tomba malade de nouveau au pensionnat de Noyon, et les médecins jugèrent que son air natal lui serait nécessaire. Elle retourna donc en Bretagne et passa deux ans dans diverses maisons sans pouvoir se rétablir ; enfin, se trouvant dans celle de Saint-Brieux, elle recouvra la santé. Son premier soin, dès qu'elle alla mieux, fut de demander un emploi dans l'hôpital. Elle y fut chargée de diverses fonctions, et s'en acquitta avec autant de capacité que de zèle. Placée ensuite à la pharmacie, elle y acquit promptement des connaissances étendues et qui sont si utiles dans notre saint état d'hospitalières. Son caractère aimable lui assura bientôt à Saint-Brieux comme ailleurs l'estime, le respect, l'affection et la confiance non seulement de ses compagnes, mais aussi de tous les pauvres sans exception. Ils étaient touchés de sa charité pour eux, et disaient : « Voyez la mère La Villesbrunnes, comme elle est bonne et simple ; elle a l'air d'une princesse, et elle nous soigne comme si nous étions ses parents. » Aussi joignirent-ils leurs regrets à ceux de la communauté lorsqu'elle quitta cette maison. Elle méritait cette marque de l'attachement de ses compagnes, car elle leur avait constamment donné, pendant son séjour à l'hôpital de Saint-

Brieux, l'exemple de l'obéissance, de la pauvreté et de l'oubli de soi-même. Sa discrétion était remarquable et ses bons conseils avaient plus d'une fois servi à prévenir ou aplanir ces petites difficultés qui sont presque inséparables de la vie commune. Elle commençait par montrer de l'intérêt à celle de ses compagnes qui avait quelque tort; bientôt elle finissait par l'amener à l'avouer et à le réparer. Son esprit lui avait donné beaucoup de crédit auprès de la supérieure de la maison; mais elle ne s'en servait que pour l'avantage des autres. Quant à elle-même, elle ne voulut jamais profiter des dispenses que lui offrait cette supérieure, relativement à diverses pratiques en usage dans cette maison, et qui lui sont particulières; elle s'y soumit de suite et s'opposa ainsi à ce qu'on établît sur ce point la moindre distinction entre elle et ses compagnes.

La mère Baudry, supérieure de l'hôpital de Noyon, n'avait pas oublié les services que la mère de La Villesbrunnes avait rendus à sa maison pendant tout le temps qu'elle y était restée. Aussi, apprenant son retour de Saint-Brieuc, s'empressa-t-elle de la demander à la mère générale pour lui servir d'aide dans sa vieillesse. L'ayant obtenue, elle la chargea de tout l'extérieur de la maison, emploi qui fournit à notre digne mère mille moyens d'exercer envers les pauvres son inépuisable charité. Elle en gagna bientôt l'affection, comme elle l'avait

eue dans tous les lieux où la providence l'avait
conduite; mais, en se livrant ainsi au soin des
pauvres, elle n'oubliait pas celles qui lui étaient
unies par les liens sacrés de la religion. Ses compagnes étaient les objets de son attention particulière, lorsqu'elles avaient besoin de ses services.
C'est ce qu'éprouva une de nos sœurs converses,
qui vit encore(1), et qui, se trouvant alors à Noyon,
y fut attaquée d'une maladie de nerfs. Cette bonne
fille, qui avait perdu l'usage de ses membres, ne
voulait pour la soigner que la mère de La Villesbrunnes, et celle-ci en devint l'infirmière pendant
plusieurs années que dura la maladie, sans que
sa charité en fût diminuée.

Elle eut ensuite à donner les mêmes soins à sa
supérieure, qu'elle aimait tendrement et qu'elle
assista jusqu'à sa mort. Elle lui rendit les derniers
devoirs avec un courage qu'elle ne dut qu'à sa foi,
qui dans cette circonstance commandait à sa sen-
sibilité. Appelée après le décès de la mère Baudry
au gouvernement de la maison qu'elle habitait,
elle n'accepta cette place qu'avec beaucoup d'hé-
sitation et après la décision de son confesseur.
Bientôt elle fut dans le cas de donner à sa supérieure générale des preuves de son dévouement.
La mère de Montgermont, qui gouvernait alors la
société, était atteinte de la maladie dont elle mou-

---

(1) Sœur Geneviève, de la maison du Bon Pasteur.

rut; la mère La Villesbrunnes, dans l'espoir de la soulager, vint à Paris, la pressa de se rendre à Noyon, espérant que le changement d'air serait favorable à la malade. Elle l'eut dans son hôpital l'espace de six mois, et pendant tout ce temps elle lui prodigua les soins les plus assidus. Cette respectable supérieure revint ensuite à Saint-Thomas, où bientôt elle termina son honorable carrière. Dans les élections qui suivirent la mort de la mère de Montgermont, et où la vénérable mère Sébire fut nommée générale, notre digne mère eut pour la charge d'assistante presque toutes les voix du canton de Paris. Cette marque flatteuse de la confiance de ses sœurs ne l'éblouit pas; elle savait que tous les postes qui élèvent au dessus des autres exposent à un jugement plus rigoureux devant Dieu ; aussi ne fut-ce qu'en versant des larmes et par déférence aux volontés de ses supérieurs qu'elle se rendit aux vœux que le canton avait exprimés. Mais sa peine devint bien plus vive encore, lorsque la mère Sébire lui confia l'emploi de maîtresse des novices ; elle fit tous ses efforts pour éviter cette charge, dont elle connaissait l'importance, et elle n'obéit que parcequ'elle avait l'heureuse habitude de soumettre en tout sa volonté à celle de ses supérieurs. On n'a pas oublié avec quels soins et avec quels succès elle s'est acquittée de ce devoir ; quel zèle constant elle montrait à former les jeunes sujets de la Société et à leur communiquer l'esprit religieux dont elle était elle-même remplie. Son esprit actif lui donnait les moyens de s'occuper avec soin de ses filles et de ne pas négliger ses fonctions d'assistante. Elle recevait toutes les sœurs soit de la communauté de Saint-Thomas, soit des autres maisons qui venaient la trouver, et leur disait agréablement qu'elle se devait à toutes. Ses sages conseils, ses décisions nettes et précises les satisfaisaient; elles se retiraient ainsi d'auprès d'elle l'ame en paix et contentes. Des occupations si multipliées étaient propres à la fatiguer; sa santé, dont elle ne parlait jamais, aurait exigé du repos; mais elle ne voyait pas le moyen d'en prendre. Plusieurs fois cependant elle fut obligée de recourir aux médecins; mais, dès qu'elle se trouvait mieux, elle reprenait de suite le cours de ses occupations. Si elle parvint à se décharger du soin du noviciat, c'est qu'elle eut plusieurs voyages à faire dans les maisons de son canton. Elle a avoué à un ecclésiastique, à qui elle témoignait de la confiance, qu'à la fin de l'hiver de 1835 elle avait bien fait cinq cents lieues de jour et de nuit dans les diligences, et que, pendant tout ce temps, elle avait exactement observé le jeûne du carême, qu'elle pratiquait habituellement avec rigueur. Depuis cette époque sa santé ne put se rétablir.

Nous ne rendrions pas toute la justice que nous devons à cette digne Mère, si nous omettions ici

de faire mention de la part qu'elle eut au recou-
vrement des précieux restes du P. Ange le Proust,
notre Instituteur. Ce fut elle qui, au mois de sep-
tembre 1834, munie d'une permission de sa supérieure, alla reconnaître le lieu où il avait été
inhumé, et fit, soit auprès des autorités, soit même
auprès d'un ministre, toutes les démarches qui
eurent pour nous des résultats si consolants. Son
affection pour la Société dont elle était membre
et son zèle pour la régularité la portèrent à seconder de tous ses efforts les pieuses intentions
que manifesta la vénérable mère Sébire dans l'as-
semblée qui eut lieu à l'époque de la translation
des restes du P. Ange. Rien de ce qui pouvait
rendre de plus en plus les filles de Saint-Thomas
régulières et parfaites ne lui était indifférent.

La mère Sébire, avancée en âge, trouvait dans
son assistante une aide précieuse, toujours dis-
posée à concourir de tout son pouvoir au bien
qu'elle se proposait de faire; une sainte amitié
unissait ces deux ames vertueuses, qui avaient
une confiance réciproque et une parfaite unité
de vues. La Société n'avait qu'à bénir Dieu
sous la direction d'aussi bonnes supérieures,
lorsqu'un accident, suivi d'une maladie de
quelques jours, vint enlever la vénérable générale
au respect et à l'affection de ses filles. L'assistante
de Paris était alors à Clermont-Oise, et n'eut pas
la consolation de recueillir les derniers soupirs de

sa mère et de son amie ; mais au moins elle ne négligea rien pour honorer dignement sa mémoire. Elle n'épargna aucun soin pour conserver dans notre chapelle le corps de cette chère défunte. C'est à sa plume que vous devez cette notice intéressante que vous reçûtes à cette époque dans la lettre circulaire qu'elle vous adressa le 25 août 1835. La Société, qui connaissait tout son mérite, l'appela bientôt à remplir la place que la mère Sébire laissait vacante. Notre digne mère fut élue supérieure générale le 8 octobre suivant. Tout nous annonçait un gouvernement sage et dans lequel la fermeté serait unie à la bienveillance. Apte à toutes les affaires, possédant toutes les connaissances requises pour une bonne supérieure, ayant surtout le discernement des esprits, elle devait faire fleurir notre saint Institut, et nous nous livrions avec joie à cette consolante espérance ; mais les pensées de Dieu ne sont pas les pensées des hommes ; le Seigneur voulait appeler à lui cette âme fidèle et se hâter de la récompenser. Elle était déjà malade à l'époque de son élection, et depuis ce moment elle n'a pas recouvré la santé. Elle n'a donc pu opérer tout le bien qu'elle projetait et surtout entreprendre les visites qu'elle désirait si vivement d'effectuer. Cependant on ne peut pas dire que depuis qu'elle était à notre tête elle ait été un moment inutile. Les affaires cou-

rantes étaient les objets de ses soins et de sa solli-
citude, toutes les fois que ses souffrances lui lais-
saient un peu de relâche. Un ecclésiastique, qui
par sa position avait de fréquentes relations avec
elle, était toujours dans l'admiration de la jus-
tesse d'esprit de notre mère, de sa sagacité à bien
saisir les affaires, de sa prudence consommée, de
sa grande discrétion pour tout ce qui intéressait la
charité et les secrets particuliers des sœurs, et du
peu d'attache qu'elle avait à son propre sens. Elle a
par sa patience, sa résignation, son esprit de sa-
crifice, donné pendant tout le cours de sa maladie de grands exemples de vertus à celles d'entre
nous qui avaient le bonheur de l'approcher. Loin
de se plaindre des maux qu'elle souffrait, elle était
calme et tranquille. L'ecclésiastique dont j'ai parlé
plus haut lui ayant un jour fait une visite, il s'en-
tretint avec elle du bonheur du ciel. Cette matière
si propre à consoler la piété dilata le cœur de notre
chère malade, et lui donna une sainte joie dont
nos compagnes s'aperçurent. La sainte communion avait été sa force pendant toute sa maladie.
Monseigneur l'Archevêque, notre digne supérieur,
qui nous honore de sa bienveillance particulière,
étant venu la voir, voulut bien en sa faveur déro-
ger à la règle du diocèse de Paris, et lui permit de
communier en viatique aussi souvent qu'elle le
pourrait. Elle profita de cette permission avec ar-

deur, et y trouva sa consolation à ses derniers moments. Le jour même de sa mort, se voyant plus mal et ayant communié la veille, elle était dans le doute de savoir si elle pouvait encore avoir ce bonheur ; sur la réponse affirmative qu'on lui fit, elle s'empressa de remplir ce dernier devoir, et s'en acquitta avec une ferveur extraordinaire. Quoique très faible, elle indiquait néanmoins les prières de dévotion dont elle voulait qu'on lui fît la lecture. Ce fut à sa demande qu'on récita pour elle celles des agonisants, et elle y répondit d'une manière très distincte. Ayant entendu sonner midi, elle voulut encore faire le signe de la croix, mais la force lui manqua ; elle put cependant faire comprendre qu'elle désirait qu'on récitât à haute voix l'*Angelus*.

Depuis ce moment elle resta sans mouvement, mais conservant toute sa connaissance, et à midi et demi elle s'endormit dans la paix du Seigneur, le 3 novembre 1836, à l'âge de près de cinquante-sept ans. Monseigneur l'Archevêque, qui l'avait honorée de plusieurs visites, vint encore pour la voir une demi-heure après son décès, n'ayant pas eu le temps d'en être informé. Il pria auprès d'elle, et promit de célébrer dans notre chapelle la messe pour le repos de son ame le jour de l'inhumation, promesse qu'il remplit en effet. Les longues souffrances et le trépas n'avaient pas altéré le visage de notre digne mère ; il portait l'impression de la paix et de la joie. On eût dit une personne qui sommeillait, et il semblait que la sainte communion qu'elle venait de recevoir produisait sur sa figure des effets visibles. Je ne vous parlerai pas de la douleur que cette perte m'a causée, mes très honorées mères et très chères sœurs ; j'ai des preuves indubitables que vous l'avez vivement partagée avec moi ; et c'est, j'ose le dire, une justice de votre part de donner des regrets à cette bonne mère, car elle vous portait toutes dans son cœur et vous a dans ses derniers moments accordé sa bénédiction, que je lui ai plusieurs fois demandée pour la Société en général et pour chacune de vous en particulier.

La cérémonie de son convoi eut lieu le 5 novembre et fut très solennelle. Monseigneur l'archevêque assista à la messe, chantée par un de ses vicaires-généraux, et voulut faire ensuite lui-même l'absoute. Malgré notre extrême désir de conserver parmi nous la dépouille mortelle de notre digne mère, nous n'avons pu obtenir de la déposer dans notre chapelle, et nous avons été obligées de la faire transporter au cimetière du Mont-Valérien, où elle repose à côté de celle de la mère Sébire.

Quoique nous ayons tout lieu de croire que notre chère défunte reçoit maintenant dans le ciel la récompense de ses bonnes œuvres, cependant, comme la justice de Dieu est, suivant l'expression du Prophète, un abîme sans fond, je vous engage à lui accorder le secours de vos prières.

Veuillez bien vous souvenir aussi de moi devant le Seigneur et me croire avec le plus respectueux et le plus tendre attachement

Mes très honorées Mères, et très chères Soeurs,

Votre très humble servante,

Soeur de La Massue,

Assistante du canton de Paris.

En notre Maison de Saint-Thomas,
ce 17 décembre 1836.